捨てる！
スッキリ生活

Nagisa
Tatsumi
辰巳渚

去年の年賀状は捨てる

お箸の片割れ取っておいて
どうするの？

3年前の口紅、
使う気になれますか？

薬にだって使用期限がある

アクセサリーも消耗品です

幻冬舎

はじめに

「物づきあい」が苦手なあなたへ

家が片づかないと思っているあなた。それは、あなたが掃除が苦手だからかもしれませんし、お片づけが下手だからかもしれません。

でも、ちょっと待って。ほんとうは、もっと深い理由があるのかもしれません。あなたは、もしかしたら、「物づきあい」が苦手なのではないでしょうか。

「人づきあい」と違って、相手はなにも語らない。物は黙ってそこにあるだけです。だから、あなたが物とのおつきあいを実感することは、あまりないかもしれません。

それで気づきにくいけれど、じつは「家が片づかない」と感じるのは、物からの無言のメッセージなのです。

「押入れにほったらかしておかないで、もっと使って！」「こんなところに置いておかないで、もっと居心地のいい場所に置いて！」「こんなにたくさんあるのに、また同じ物を買ってきたの？」

あなたの身のまわりにある物が、どんなメッセージを発しているか、耳を傾けてください。いまの「物づきあい」を見直して、物とのよい関係を築くだけで、「片づかない」という悩みはあっさりと解決するかもしれません。

物とのよい関係とは

物とよい関係を築き、物とのおつきあいじょうずになるには、どうすればいいのでしょうか。

なによりも、「物は使うためにある」ことを第一に考えてください。使わない物は、持たない。使う物を大切に持つ。それだけで、あなたの暮らしに溢《あふ》れる物は減るでしょう。そして、あなたの

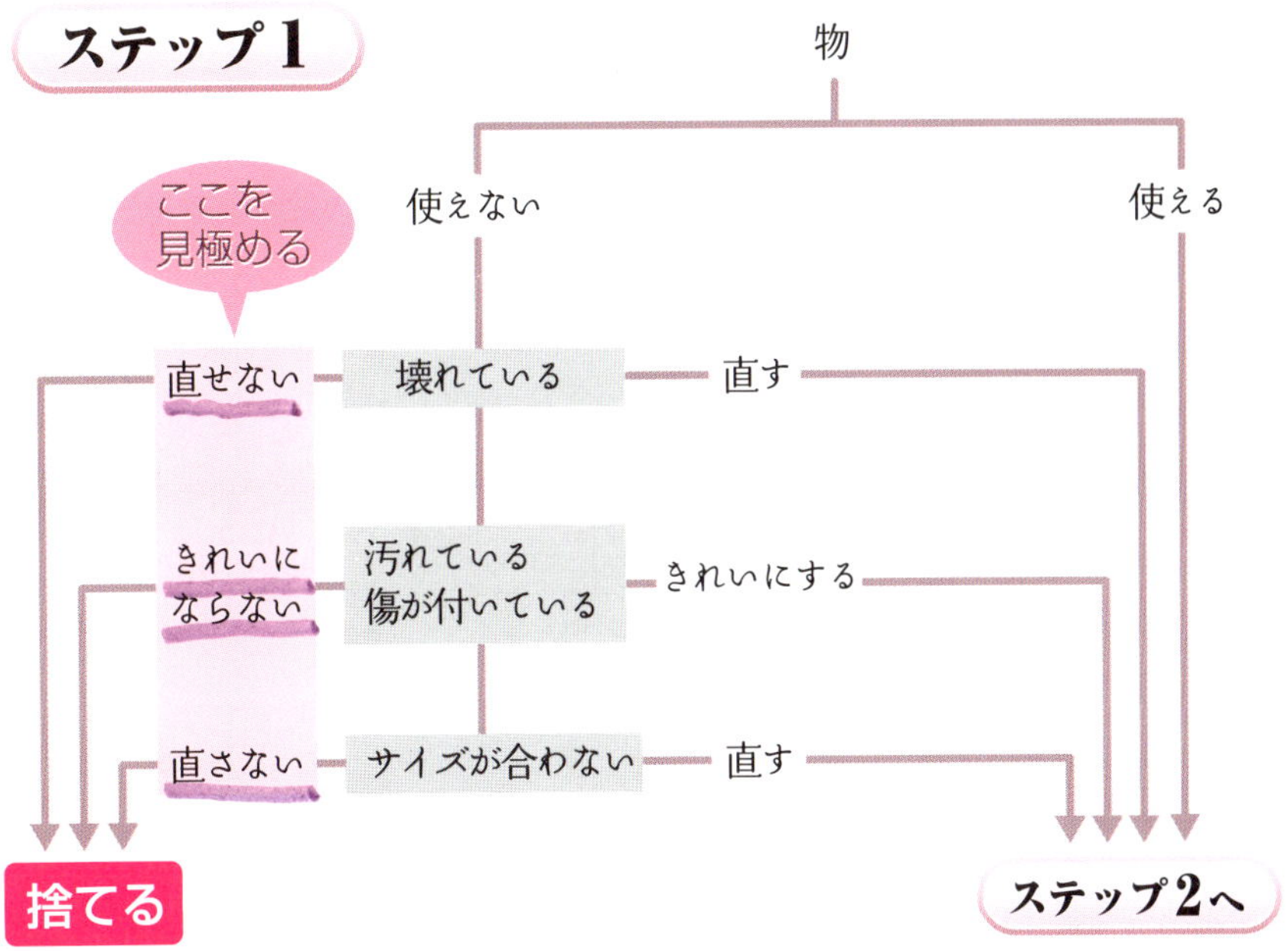

身のまわりは「すっきり片づいている」とはいかないまでも、「いつのまにかきれいになっている」くらいには、片づいているでしょう。さらに、あなたがどういう価値観で暮らしているかも、自然とわかるはずです。

　これだけ豊かな世の中で暮らしているとかえってわかりにくいけれども、「物とのよい関係」とはじつはとてもシンプルなことなのです。

　使う物を大切に持つ。簡単に聞こえますが、ほんとうはとても判断や決断のいる作業です。だから、「捨てる」という逆の視点を取り入れて、「ほんとうは、いらないのでは」と真剣に検討してみましょう。

「捨てる」という視点で判断する

私たちの生活には「使える」けれども「使わない」物がたくさんあるから、すっきりしないのです。

日々手にする物について「これは捨てられるのでは」と考えてみてください。「捨ててもいいかな。でももったいないないな」と迷う物については、2つのステップで考えます。

まず、「使える」「使えない」で判断する。壊れているなら「使えない」、正しく機能しているなら「使える」。「使えない」物は直して使えるようにするか、捨てるか、その場で決めてしまいましょう。「後で直す」と逃げるのは厳禁です。

次に、「使う」「使わない」で判断する。どんなにきれいでも、高かった物でも、あなたが現に使っていないのならば、それは「いらない物」ということ。ごみに出すなり、リサイクルするなり、人にあげるなり、じょうずに処分してください。

ステップ2

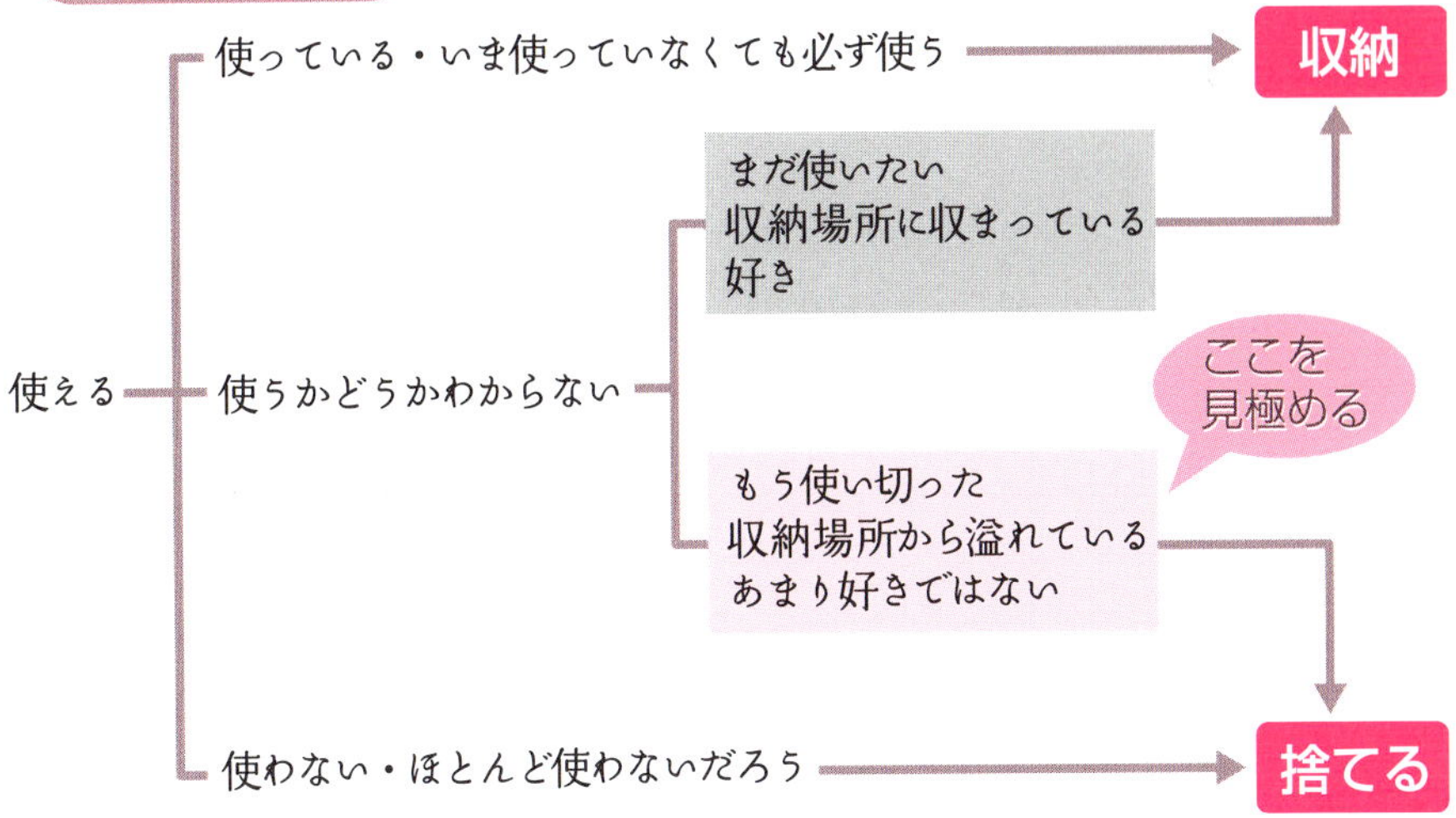

心で唱える呪文のように

この本は、毎週、家のなかの物を点検していけるつくりになっています。1週間のうちに1回、この本を開いて、順番に実行していってもいいですし、あるいは、気が向いたときにぱっと目についたページを実行してもいいでしょう。1冊を読み終えたときには、あなたの暮らしが快適に変わっていることを願っています。

それと同時に、この本の言葉があなたの身についていて、日常、心で唱えるだけで手が動く「呪文」のようになっていてくれたなら、著者としてはほんとうにうれしいことです。

目次

スッキリ生活のための53週

第01週 「心構え」

「もったいない」で封印しない

使える物を捨てるなんて、もったいない！」と思うのは、自然なこと。物に愛着を感じ、自分の一部のように思って気軽に捨てられないのは、日本人の美徳です。でも、考えてみて。「まだ使えるのに、もったいない」と押入れにしまい込んで、使いもしないで何年も死蔵している物は、かえってもったいないのでは。

物は使ってこそ生かされます。「もったいない」という言葉で封印しては、けっきょく物の生殺し。「使う」物は取っておく、「使わない」物は捨てる。

第02週

「写真」

好きなカットだけを「採用」、残りは「処分」

いつか整理しよう、とダンボール箱に写真を溜め込んでも、見直すことはまずないはず。プリントして「この笑顔、かわいい」「集合写真は、これがいちばんいい出来だな」などとチェックしたときに、同時に「採用」する写真と「捨てる」写真を分けましょう。

「採用」する写真は厳選して。ただ残すのではなく、「アルバム用」「写真立て用」「おばあちゃんにあげる用」などと用途をはっきりさせます。用途がない写真は、思い切って処分。

第03週

「年賀状」

去年の年賀状は捨てる

年賀状は、年始の挨拶。届いて読んだ時点で、役目は終わっています。毎年やりとりするものなのだから、保管しておく必要はありません。手元には、年賀状を書くときのために1年ぶんだけ保管しておけばじゅうぶんです。

1月も半ばになったら、住所変更、結婚の報告などをチェックして住所録に転記、お年玉はがきの当たり番号も確かめます。「年賀状保管箱」から去年のぶんを出して処分、今年のぶんを入れておきましょう。

第04週

「食器棚の引き出し（カトラリー・栓抜き）」

お箸の片割れ取っておいてどうするの？

なぜか、「お箸は片方なくなる」という法則や「スプーンは次第に減っていく」という法則があるようです。それなのに、「栓抜きは次第に増えていく」という法則も。

そして、引き出しは、片割れの箸、セット崩れのスプーンやフォーク、いろいろな形の栓抜きやお菓子についてきたプラスチックのスプーンなどでごちゃごちゃに。使わない物がじゃまになって、使いたい物がさっと見つからない状態ではないでしょうか。

使わない物を処分することで、毎日の使い勝手が驚くほどよくなります。プラスチックのスプーンを大量に捨てたなら、次からはお店で「いりません」と言うようにして。

第05週

「食器棚（食器類）」

奥に眠っている食器はもう使わないのでは

人は、知らず知らずのうちに自分の好きな物を使っているもの。使わないで奥に積んである食器は、けっきょくのところ「好きではない」「使いにくい」食器なのです。

「数のうち」と取っておいても、何年も使わないでいるのではないですか。奥に眠る食器、フチがちょっとだけ欠けたお皿、子どもの離乳食のときの食器など、使わない物は出してしまいましょう。

使う食器だけ重ねずに並べておくだけで、日々の出し入れがとてもやりやすくなり、奥がデッドスペースになることもありません。

第06週

裁縫箱

使えない布や糸、針は、まとめて供養

裁

縫箱のなかはちまちました物が多いせいか、すぐにごちゃごちゃになってしまいます。そのせいで、いざ使うときに「指ぬきがない」「使える縫い針が見つからない」「糸が絡まってほどけない」などと手間取ることに。

年に1度くらいは、いったん全部中身を出して、整理し直しつつ使えない物を捨てましょう。昔は2月8日（地方によっては12月8日）に「針供養《はりくよう》」をしたものでした。針を豆腐やこんにゃくに刺して供養する、という昔ながらのやり方をしなくても、錆《さ》びた針や短くなって使えない糸、使いみちのない端切《はぎ》れなどに「いままでごくろうさま、ありがとう」と感謝してから捨ててみると、気持ちがスッキリします。

第07週

「紙袋・包装紙」

使い切れないなら、それは「溜め込みすぎ」

「いつか使おう」とたいせつに取ってある紙袋や包装紙。なぜ「もったいなくて使えない」と思うのですか。きれいな物からどんどん使って、汚れたら捨てていけば、溜まりすぎて困ることはありません。きれいなリボンや紐《ひも》も、使わないならただのごみ。いっそ、古紙回収のときの新聞紙を束ねる紐に利用してはどうでしょう。

ともかく、まずは量で管理。「この袋1杯まで」と決めてしまいましょう。溢れはじめたら、①いらない物を探して捨てる、②どんどん使うように心がける、そして③手元に来たときに安易に袋にしまわずに、いらないなら捨てる、を実行して。

第08週

「化粧品」

3年前の口紅、使う気になれますか？

使いかけのまま置いてある口紅、美白クリーム、ほお紅……。よく考えたらいつ買ったのかも覚えていないくらい昔のものではないですか。デリケートな肌に使うものだから、古くなった化粧品は思い切って処分してしまいましょう。

そもそも、化粧品の多くは、最後まで使い切るようにはできていないのかも。使い切ろうと思ったら、口紅は2本、マニキュアは1本、アイシャドー1つくらいがせいぜいです。いろいろ試したい誘惑を克服して定番の化粧品だけを使い切っていくか、お化粧を楽しみながら多少の無駄もよしとするか。それはあなた次第です。

第09週

「人形」

押し込んでおくほうがかわいそう

かわいいからついほしくなって買ったぬいぐるみ。お土産《みやげ》にもらったテディベア。子どものころからのお友だちだったお人形。知らず知らずのうちに数が増えても、おいそれと捨てるのはかわいそうでできません。

それでも、薄暗い押入れのダンボール箱に押し込まれたままかび臭くなっていくのは、もっとかわいそうなこと。

思い出のために記念写真を撮って、大好きな物以外はさよならしましょう。ごみにしにくいなら、人形供養をしてくれる神社・仏閣へ。

第10週

「洗面所」

「デッドストック」の山を処分

洗面所には、洗面・風呂用品のストックが集まってきます。いつも使っているシャンプーやせっけん、歯ブラシのストックだけならいいけれど、試供品でもらったシャンプーとリンスのミニセット、「いつか使うかも」ともらってきたホテルのアメニティグッズ、特売だったので買ってみたけれど使う気がしないドイツ製の洗剤、贈り物にもらった香料のきついせっけんなどなど、なんとなく溜まってしまっている物もたくさんあるはずです。

もともと水気があるうえに、風呂場からくる蒸気で不潔になりやすい洗面所。使いもしないデッドストックはさっぱり処分して、清潔ですっきりした空間にしてくださいい。とくに、いったん開けたけれども使わずに押し込んである物は、「もう二度と使わない」と見極めて。

第11週

「領収証・公共料金の計算書」

確認したらもう不要

重要書類のような気がして捨てられない

領収証や公共料金の計算書ですが、金額をチェックしたら、家計の管理のために使うくらいしか用途はありません。家計簿をつけている人は、記録したら「その場」で捨ててもOK。

お店を経営している、フリーで働いている、パートをかけもちしているなど、確定申告する必要がある人なら、経費として使った領収証は保管しておかなければなりませんが、公共料金の計算書は請求書が来たときにチェックしたら、後は必要ありません。申告のときの手間を省くためにも、捨てられるものは見てすぐ捨てる。

第12週

「子どものころの作品・教科書」

「思い出」は、量より質

思い出の品は、心のなかに眠る思い出を引き出すための鍵のようなもの。たくさんありすぎると、かえって心のなかから生き生きとした思い出をうまく引き出せなくなるように思います。「量より質」と考えて、とくに思いのこもった品を選んでたいせつに保管しましょう。

また、自分の「思い出の品」はじょうずに取捨選択できても、子どもの物はなんでも取っておきたくなるのが親心。最後には子どもに判断させればいいけれど、すべて保管しておいては後がたいへんです。

ダンボール箱や衣装ケースを1つ、思い出BOXに決めます。新しい「思い出の品」を入れるために開けるとき、「いらない物が入っていないかな」とチェックする習慣を。

第13週

「防寒具」

出し入れだけを繰り返しているコートは、「着ない」のです

衣

替えのとき、毎年出し入れだけを繰り返しているコートやジャケットを手にしたら、そのままとしまい込まずにちょっと考えて。あなたはなぜ、そのコートを着ないのでしょう。サイズが合わないわけでもないのに着ないのは、重くて動きにくいから？　似合わないから？　それとも、いまどきの冬は暖かくてそのコートでは暑すぎるから？

着ないまま冬を過ごしてしまうには、あなた自身も気づいていない理由がある。その理由をはっきりと自覚したら、「だから、けっきょくは『着ない』のだ」と悟ってください。コートはとてもかさばるもの。クローゼットからなくなるだけで、収納スペースがぐんと増えます。

第14週

「文房具」

家中に散乱している文房具を整理しよう

家 中にボールペンは散乱しているはずなのに、いざ電話をしていてメモしたいときに、いくら探しても見つからないのはなぜでしょう。しかも、ようやく見つかった1本は、インクが切れていて出ないのです！

一度、家中の文房具を見直してみましょう。子どもの勉強用の鉛筆など個人の持ち物は除いて、電話台、ピアノの上、茶だんすの引き出し、下駄箱の上などに散乱している文房具をぜんぶダイニングテーブルの上に集めます。使えない物は処分。そして、家のなかで文房具を使う場所を考えて、「文房具は茶だんすの引き出しと玄関の筆立てにしまう」などと「定位置」を決めましょう。

第15週

「電話機まわり」

電話機まわりをスッキリと

電話するときに使ったメモ用紙やペン、出前のチラシ、名刺などが置きっぱなしになりがちな電話機まわり。引き出しがあろうものなら、なぜここにあるのかわからない物がいつのまにか引き出しいっぱいに溜まってしまいます。そして、よくよく見ると、電話機はうっすら溜まったほこりで汚れっぱなし……。

電話機まわりから、いらない物を追放しましょう。引き出しは、メモ用紙とペン、よく使う出前のメニューだけを入れるように心に決めて。電話機置き場の下に小さなごみ箱があると、意外に重宝です。

第16週

「趣味の品」

マイブーム、去ったならきちんと「さよなら」する

ひとつの趣味を長くつづけられるきちんとした人もいるけれど、ちょっと興味をもってやってみたもののすぐ飽きてしまう、といった人も多いのではないでしょうか。でも、長つづきする趣味に出合えるまでいろいろやってみるのは、悪いことではありません。

いろいろやってみるならば、マイブームが去った趣味の品に関しては、いったんきちんと整理しましょう。そのままほうっておかないで、飽きた時点で「使い切った」と考えます。材料や道具は、まだつづけている友人にあげれば喜ばれるはず。半端な物は、ほかに使えないなら捨てるしかありません。

第17週

「洋服だんすの引き出し」

たんすの引き出しを「総ざらえ」

ときには、「えーい！」と引き出し1つを逆さまにして、中身をぶちまけてしまいましょう。いつもなかを引っかきまわしてスカーフを探している引き出しなんて、最適です。

ぶちまけた中身を引き出しに戻しながら、「使う」「使わない」と判断していきます。柄が気に入らないスカーフやもらい物だけど気に入らないネクタイなどは、安易に戻さずに捨てる覚悟を。ひとつひとつ取捨選択していくと、あら不思議。引き出しの中身は半分に。しかも、整理整頓が簡単にできたことに気づくでしょう。

「捨てる」に回したスカーフは、無理に捨てなくても旅行鞄に入れておいて旅行のとき風呂敷として活用する、大事な食器を重ねてしまうとき小さく切ってあいだに挟む、など、活用法はいくらでもあります。

第18週

「洋服だんすの開き」

ハンガーの下にできた山を整理する

洋服だんすを開くと、ハンガーにかかった服がずらっと並んだその下に、こんもりとした山ができていませんか。ハンガーから滑り落ちた服、あわてててつっ込んだシャツ、ベルトやスカーフ。いつから山になっているのでしょう。

どんなに防虫剤を入れてあっても、つくねた服には虫がつきます。虫がつかなくても、しみが浮いたり、どうしても取れないしわができたり……。

ともかくその山をいったん外に移動して、確認しながら整理しましょう。山の一部になったまま2年も忘れていた服ならば、捨ててもかまわない物なのでは?

第19週

「風呂場」

風呂場のおもちゃ、かびる前に選別する

風呂場にある物は、ちょっと置いておくとすぐにぬるぬるしてきます。気づかなかったふりをしてそのままほっておくと、今度は黒いかびがつく。

物があればあるほど管理がたいへんなので、風呂場にはなるべく物を置かないようにしたいもの。子どもが持ち込むおもちゃも「量」で管理。籠《かご》に入る量、フックにかかる量だけ、と決めて、散らかりはじめたら選別しましょう。

もちろん、大人の物も持ち込む一方ではなく、ちゃんと持ち出すように心がけて。一度使ったきりのアロマオイル、もう古くなって使えないかもしれません。

第20週

「冷蔵庫」

冷蔵庫の奥に眠る物体を点検する

スーパーで買うときはあんなに賞味期限を気にするくせに、いったん冷蔵庫に入れてしまうとすっかり気にしなくなるのはどうしてですか。いくら新しい瓶詰《びんづめ》を選んで買っても、半年も冷蔵庫に入れっぱなしでは危険です。

冷蔵庫は「奥」が危険ゾーン。見なかったことにしてきた日々を反省しつつ、思い切って奥を点検し、「物体X」を取り出しましょう。

容器ごと捨てたい気持ちはわかるけど、勇気を出して蓋《ふた》を開け、中身は生ごみ、容器は分別してごみに出すこと。以後は、「物体X」になる前に気づいたときに確認し、ちょっぴり残った海苔《のり》の佃煮《つくだに》などはその日の食卓に出す習慣を。

第21週

「冬物の靴」

この冬一度もはかなかったブーツは捨てる

靴だって衣替えしてみましょう。夏になる前に、冬物のブーツをしまいます。

前はよくはいたのに、この数年ブーツははかなくなったというなら、捨てるかきちんと手入れをして保管しましょう。汚れを落として、クリームを塗って、少し陰干ししてからしまいます。それができないなら、やはり捨てるしかありません。

ついでに、踵《かかと》が取れたままのハイヒール、雨の日に汚れたまましまってある靴、型崩れしておしゃれ用にははけなくなった靴などもチェックして。直さないなら捨てましょう。

第22週

「冬物の洋服」

着ない服をより分けて、今年こそ迷いを吹っ切る

おしゃれするのは、ほんとうに楽しい。新しい洋服を買うとうきうきするし、高価な服を着ていると自信がつく。そういう気持ちをもつのは、すてきなこと。物を無駄にしない暮らしをするために、暮らしを楽しみ自分を高める気持ちを否定してしまうのは残念です。

着たい服はどんどん着て楽しみましょう。着なくなったら、それは「使い切った」ということなのです。いくら「まだ着られる」と思っても、着ないのならばその服はただの場所ふさぎです。

思い切るためのコツ。「捨てられない」と思ったら、ともかく着て外出しましょう。なんだか自分じゃない気がする、自信をもてない、などとわかったら、「やっぱり着ない」と諦めて。

第23週

傘

骨が折れている傘、直して使いますか？

傘立てには、3種類の「使わない傘」が溜まっているものです。①壊れた傘、②ビニール傘、③似合わなくなった傘。

①壊れた傘は、直さない限り使えません。直すなら、いま直す。直さないなら、ごみだと見極める。

②ビニール傘は、何本溜まっていますか。にわか雨にあうたびに買っているなら、使い切れないほど溜まっているはず。錆《さび》が出た古いものは処分するか、まとめて近所の駅や公共施設に問い合わせ、寄付してみては？

③似合わなくなった傘、ファッションアイテムとして使い分けると楽しい傘だけど、どうにも似合わない傘を買ってしまったならば、捨てるかあげるか考えて。

第24週

「大きな古布」

古いカーテン、ドレスにでもするんですか

大きな布は、もったいなくて捨てられません。でも、カーテンは窓のサイズに合わせてつくるもの。引っ越した前の家のカーテンが新しい家のサイズに合わないなら、カーテンとしては使えない。

ただ取っておいても、無駄であることに変わりはありません。処分を考えましょう。どうしても捨てられないなら、ともかく押入れから取り出して活用法を考えます。活用法が見つからないなら、つまりはそれはごみなのです。

部屋の模様替えをして取り替えたカーテンも、同じこと。「いつか使う」としまい込む前に、捨てるか活用するかの判断をしてください。

第25週

「バッグ・革製品の小物類」

バッグや財布は、使い勝手が命

デザインや色に惹《ひ》かれて、ついつい買ってしまう袋物。ところが、見ると使うとは大違いで、どうにも使いにくくてしまいっぱなしになる物も。要は、バッグや財布も道具です。使い勝手が悪い物は、敬遠してしまうもの。

「なんとなくいつも手に取るけど、使わないな」というバッグは、けっきょくは使いません。使わないバッグほど新品のままで捨てにくいから、新品のうちにほしがってくれる人を探しては？

「取っておいていずれ娘に」と思うなら、靴と同様、きちんと手入れして保管しましょう。手入れができないなら、捨てるしかありません。

第26週

「ストックの乾物類」

乾物にも賞味期限はある

冷蔵庫の中身に比べ、「長期保存用にできているんだから」と安心してしまいがちな乾物類。でも、乾物にも賞味期限はあるのです。しかも乾物保管庫は台所のなかでも、ふだんあまり開けない場所にあることが多い。賞味期限が1年あっても、気づいたときには期限切れになってしまいがち。

まとめて捨てたら、これからは「とりあえず買っておこう」はやめましょう。乾物といえども、使うときに買うのがおすすめです。

ちなみに、「消費期限」は劣化の早い惣菜《そうざい》など、「賞味期限」は劣化の遅い乾物やレトルト食品などに使う言い方です。

第27週

「薬箱」

薬にだって使用期限がある

「救急」のときのための薬箱だから、いつもは使わないほうがありがたいに決まっています。ところが使わないでいるうちに、使用期限が来てしまう。薬にだって、効き目が保証された使用期限があるのです。薬箱を開けるたびに、期限をチェックする習慣をつけましょう。

　使用期限のわからなくなった薬は、迷わずその場で捨てること。お医者さんから出された処方薬が残っても、「いつか使える」と取っておくのは危険です。たまにとんでもない事故につながることも。風邪や頭痛用の置き薬がほしいなら、かかりつけのお医者さんに相談を。

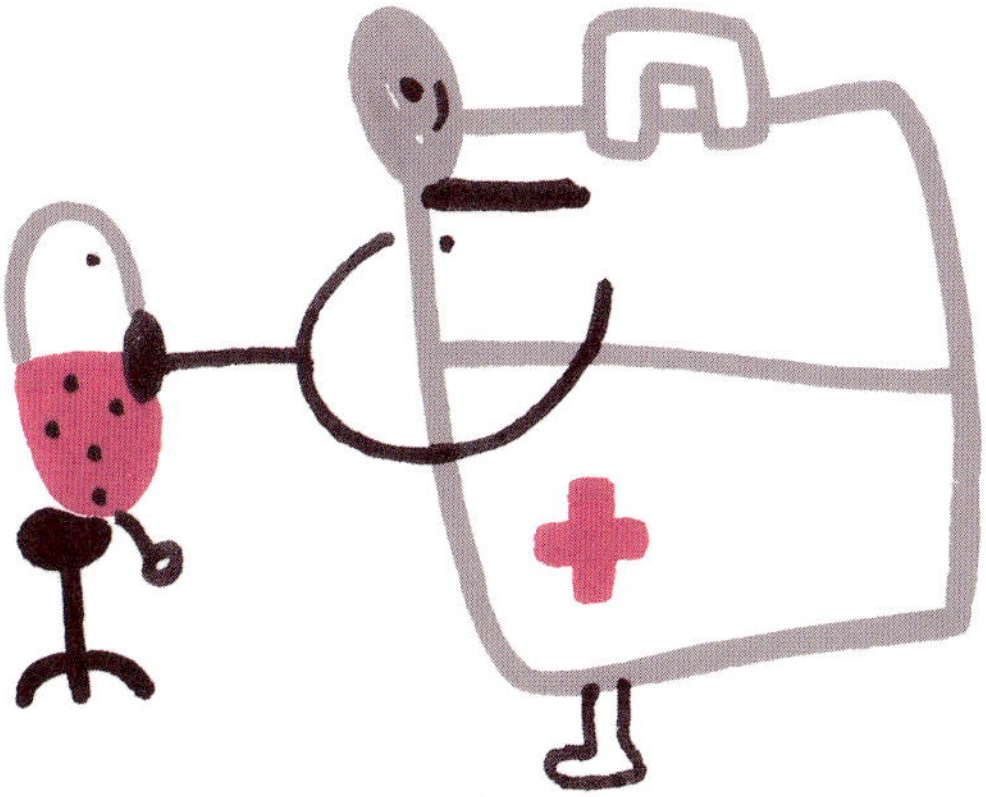

第28週

「冷蔵庫（冷凍庫 野菜室）」

安全・清潔のために「捨てる」習慣を

引き出し式の冷凍庫・野菜室には死角が多い。底のほうに押しやられた物体は、目に入ったときにチェックして捨てるようにしましょう。

冷凍庫の底の、いつ冷凍したかわからなくなったひき肉は捨てたほうが安心です。半分食べて置いてある枝豆も、なかが霜だらけなら食べてもおいしくありません。お菓子についてくるたびにしまっている保冷剤も、10個もあったら多すぎです。

野菜室はもっと危険。生で食べることも多い野菜だからこそ、わけのわからない物体は早めに捨てて、清潔で安全な冷蔵庫にしておきましょう。

第29週

「アクセサリー」

アクセサリーも消耗品です

数

千円で買ったアクセサリーは、夏のカットソーやサンダルと同じように、1シーズンも楽しめればじゅうぶん元を取った、と言えるのではないでしょうか。

ジュエリーとアクセサリーは違います。気軽に楽しむアクセサリーは、いわば消耗品。お気に入りはたいせつにして、飽きた物、片方だけなくなったイヤリング、錆びたブローチなどは、「使い切った」と見なして処分しましょう。まだきれいなうちに、小さな女の子にあげれば喜ばれます。

ごちゃごちゃしているいらないアクセサリーを処分することで、ネックレスが絡み合ったり、石が傷ついたり、といったトラブルもなくなります。

第30週

「おもちゃ」

子どもといっしょにおもちゃを点検

い

つまでたっても「まだ遊ぶ」と言って捨てようとしないおもちゃ。でも、成長に合わせておもちゃも変わっていくもの。すべてを取っておくわけにはいきません。

ひとつひとつのおもちゃに向かい合わせると、子どもは選べません。だから別の視点を。「この箱いっぱいまでね」「入りきらないなら、いらない物を捨てなさい」と「量」で判断させましょう。

だからといって、子どもが「気軽におもちゃを捨ててもいいんだ」と思うようになると困ります。捨てるときには、「今までありがとう」と親子でお礼を言うといいでしょう。そして、どうしても捨てられないたいせつなおもちゃは、「思い出ＢＯＸ」へ。

第31週

「子ども部屋」

「子ども部屋のお片づけ」をイベントに

ほうっておくと、すぐ雑然としてしまう子ども部屋。たまには親子で子ども部屋を徹底的に点検しましょう。子どものうちに「お片づけ」の基本が身につくと、大人になって「片づけられない女・男」にならずにすむはずです。

親は、イベントとして楽しむ気持ちの余裕をもって。子どもが手を動かして達成していくのを、ゆっくり待ってあげましょう。大人が楽しんでいると、子どもも「お片づけって、けっこう楽しい」と思えるようになるものです。

たいせつなこと。物の「取捨選択」と「掃除」は、別々にやりましょう。違う種類の行為だし、作業量も倍になる。同時にやろうとしても、挫折《ざせつ》するのが落ちです。

第32週

「ビデオ（撮影したテープ）」

一生かけて観るんですか？

撮ったままで積んであるビデオテープ、何本溜まっていますか。子どもの成長記録、入学式、運動会、発表会。新婚旅行や家族旅行の記録、おじいちゃん・おばあちゃんの金婚式の記録。撮った直後にみんなで観て楽しんだきり、そのまま保管してあるものばかりではありませんか。

このままほうっておいても手に負えなくなるばかりです。思い切って休みの日を1日使って、ビデオを編集して減らしましょう。DVDに移し替えるときも、丸ごとではなく編集して。

編集することで、量が減るだけでなく、観て楽しめる質の高い家族ビデオが完成します。

第33週

「テレビまわり」

ゲームやビデオテープの山をなくそう

テレビのまわりには、ゲームソフトやビデオテープ、DVDなどがあっというまに積み重なってしまいます。それはなぜでしょう。家族みんなが、自分の観るテープを持ってきて観終わったらそのままそこに積んでおくから。ビデオストッカーに戻すのは、めんどうくさいから。

まず、「テレビのそばには、テレビ台の引き出しや開きに入るだけ」と決めてしまいましょう。そこを「フロー収納」とします。そして、「我が家のビデオはこれだけ」と量で決めるためのビデオストッカーを押入れなどにつくります。そこは「ストック収納」です。

「ストック収納」の場所から溢れたら、飽きたゲームソフト、編集して減らせるビデオなどを探して処分。

第34週

「シンク下の調味料」

封を切ってから何か月？

シンク下は、意外に湿気と熱気がこもるもの。調味料のストック場所としては「理想的」とはいいにくい場所です。とはいえ、毎日使う調味料であればすぐに消費するから問題なし。問題は、いつのまにか長い期間保管してある調味料です。

ボトル入りの醤油は、開けて3か月もすれば匂いが変になってきます。オイルに凝っている人ならば、各種取り揃えたごま油やオリーブオイル、グレープシードオイルなどが劣化しているかもしれません。

一度、総点検しましょう。醤油が黒く変質していたら、考えてみて。いつもボトルの後半は、変質しかかった醤油を無理に使っているのではないですか。だとすれば、「大瓶だと割安だから」と買っているのが間違いなのです。

第35週

「調理器具」

柄の溶けたお玉は、寿命です

勢 いが命の中華料理をつくっているとき、大急ぎでお玉を取り出したいのに、いくつもあるお玉が絡まり合ってすぐに取れなかった経験はありませんか。調理器具はたくさんあれば便利というわけではありません。「こんなに必要かな」と見直してみましょう。

とにかく、壊れた物・不潔なほど汚れた物から捨ててしまって。柄の溶けたお玉、焦げた菜箸、黒かびのしみが付いたしゃもじ、柄がぐらぐらの片手鍋などは、もうお役ごめんです。

まだ新品同様の調理器具でも、使い切れない量を置いておかないで。捨てるのがもったいなければ、キャンプ用品に回したり、地域のサークルの備品に提供するなど工夫して。

第36週

「小引き出し」

その引き出し、見ないで捨てても困りません

人間、隠してしまうと存在すらも忘れるもの。小引き出しは、そんな危険がいっぱいの場所です。それなのに、「これはうまく分類して、整理できそう」と思わせるから要注意。床の間の隅、下駄箱の上、整理だんすの上などに鎮座している、鎌倉彫の小引き出しやプラスチックの書類ケース、何が入っているか覚えていますか。ブラックボックスになってはいませんか。

覚えていないくらいなら、必要ない物ばかりが入っているに違いありません。見ないで捨てても困らないでしょうが、念のためどうしても使う物だけピックアップして、あとはまとめてごみ袋へ移動させてしまいましょう。使う物が眼鏡拭きとピアノの鍵くらいしか出てこなかったら、小引き出しそのものがいらない物なのです。

第37週

「小袋類」

家のなかの「小袋」を徹底チェック

「いつか使う」と取ってある小袋も、溜まれば溜まるほど使い切れず、見苦しいだけ。

冷蔵庫のドアポケットに溜めている辛子やわさび、醤油、蜜。洗面所の引き出しに溜めている試供品のシャンプー、ホテルのアメニティグッズ。リビングの籠のなかに溜まっている替えボタンと端切れのセット。

乾物入れには、みりんに付いてきた屠蘇《とそ》散《さん》の袋やドレッシングに付いてきた「海藻サラダのもと」などが溜まっているかもしれません。

取ってあるだけではただのごみ。今晩使うか、ごっそり捨てるか決めましょう。「使い切れない」と思い知ったら、これからはもらわない勇気をもって。

第38週

「手紙・日記・手帳」

「思い出の手紙」を聖域にしない

くれた人の気持ちのこもった手紙は、捨てがたく感じてあたりまえです。「すべて取っておきたい」という選択も、もちろん、ありえます。でも、すべて取っておくことは、相手をたいせつにすることとイコールではありません。聖域視しないで、思い出に残る手紙はたいせつに取っておく、その場限りでいい物は処分する。

日記や手帳も、自分の思いがこもっているから捨てにくい。聖域視して無条件に取っておかないで、一度は「残しておくべきかな」と検討してみましょう。とくに手帳は、2、3年前の物は不要になる人が多いはず。

第39週

「夏物の靴」

1シーズン楽しんだら「使い切った」と考える

夏の靴は消耗が激しいものです。細いベルト1本で引っかける繊細なつくり、スパンコールやビーズ、ガラスなどの取れやすい細工、パステルカラーや白などの汚れやすい色。しかも、レジャーに出かければ土や砂でこすれたり、踵をつぶしたりしやすいもの。

きちんとお手入れしてきれいにはく努力をしていても、1シーズン楽しんだらすっかりくたびれてしまいます。

じゅうぶん楽しんだと思えたら、「使い切った」と考えて処分して。下駄箱に放り込んだままがいちばんNG。汗や汚れでますます修復不可能な状態になってしまいます。

第40週

「夏物の洋服」

おでかけに着るのをためらうなら、処分する

夏の服も、消耗が激しいもの。薄手の綿素材なら、襟や袖口が少しずつびろびろになってきます。パステルカラーや白い色は、汗や汚れを吸着して、透明感が失われていきます。鮮やかなオレンジやブルーの服は、洗濯するたびにくすんでいきます。

夏にくたびれた服を着ていると、気分まで暑苦しい。新しい夏服は1シーズンしっかり楽しみましょう。

外出に着るのをためらうようになったら捨てどきです。もちろん、家で過ごすときの服に回してから、捨てるのもいいことです。

第41週

「工具箱」

曲がった釘は処分する

いざというときに手際よく使えてこそ、工具箱は役に立つ。それなのに、滅多に開けないためか、なかは同じような工具や曲がった釘ばかりで、目的の作業ができないことも珍しくないのでは。

　ワイヤシェルフを買い足すたびについてくる六角レンチ、そのつど放り込んでいませんか。5本も6本も必要ありません。釘や画鋲《がびょう》、ヒートンなどは、錆びていたり、曲がっていたり、使えない物が大部分になっていませんか。中身を使い切った画鋲のケースだけがいくつも残っていませんか。昔買った巻き取り式のメジャー、出したら戻らなくなっていませんか。

　スッキリ捨てて、次に使うときはストレスなく作業ができる工具箱にしてください。

第42週

「ストックスペース」

ストックの「量」を決める

あなたの家のなかのストックスペースを点検しましょう。台所に半畳ほどのスペースがある家も、廊下に小さな扉付きのスペースがある家も、リビングの壁面にクローゼットとは別にストックスペースがある家もあるでしょう。

「なんでも放り込み庫」にしてしまって、行き場のない電球や電池、買ってきたけれどストック場所のないラップやティッシュ、新聞の勧誘員からもらった1ダースの洗剤、きれいだから取っておきたい空き瓶や空き缶が、ぎっしり詰まっているのでは。

それぞれの物にふさわしい行き場と適量を考えて、ありすぎるストックは減らしましょう。とにかく使って、しばらくは買い足さないでがまんして。あとは、「ストックスペースにしまう物」を限定します。

第43週

「レジ袋」

「この袋」に入るだけにする

レジ袋や商品を入れたビニール袋は、うっかりするとあっというまに増えてしまいます。「この袋いっぱいまで」と量を決めてしまいましょう。溢れたぶんは処分。その後は、この量を維持します。必要ないときはレジでレジ袋を断ることで、量を維持できます。

レジ袋をごみ袋に再利用できる地域でも、無意識にもらいつづけていては使い切れません。

買物に行くときは「この袋」の状況を思い浮かべて、日によってはマイバッグを持つ、レジで「袋は1枚でいいです」と言うなど工夫しましょう。

第44週

「本棚」

本を並べておくだけで満足していませんか

本は際限なく増えつづけます。家を図書館にしたいならば別ですが、そうでないなら「一定量」を決めて守りましょう。本棚1つぶん、ワイヤシェルフ2つぶん、押入れの下段ぶん……どういう量でも自分の適量を決めればいいのです。

溢れてきたら、全体をチェックすれば「一度読んで満足した本」「情報が古くなって使えない本」「10年後に読みたいときは、また買えばいい本」「手元に置かなくても近所の図書館にある本」などが見つかるでしょう。それらの本はかわいそうだけど退場願ってください。

第45週

「下着・靴下」

古くなった下着は今日捨てましょう

レースの部分が少し取れかけている、ゴムが少し伸びている、足の裏部分が全体に薄くなっている……着古していることを感じていても、なんとなく捨てづらい下着や靴下類。「あと1回はいて、それから捨てよう」と思っても、夜には忘れて洗濯籠に入れてしまう人も多いでしょう。あるいは、「汚れたまま捨てるのはいやだから、洗ってから捨てよう」と思って洗濯し、そのまま忘れてたんすにしまう人もいるのでは。

1年に1度でいいのです。着替えのついでではなく、下着類を点検する日をつくりましょう。引き出しから全部出して、整理し直しつつ、限界のきている物は処分します。

第46週

「押入れ」

使いやすい押入れは「7割収納」

古いタオルケットやお返しにいただいた綿毛布、「気持ちいいのよ」と友人がくれた特別な枕、新しいのを買ったときに取り替えたまま置いてある古い布団カバーやシーツ類。結婚以来、数えるほどしか使っていない八端織《はったんおり》の座布団セット。そして、子どもが赤ちゃんのときに使っていたベビー布団。

そういう物が、押入れを満杯にして使いにくくしているのです。使いやすい押入れは「7割収納」。いらない物を出すだけで、簡単に実現できます。

ついでに、お客さまが来たときにあわてて つっ込んだ洋服や鞄類も取り出して元に戻せば、完璧です。

第47週

「タオル」

タオルは消耗品です

タオルは毎日のように使うもの。いつまでも使いつづけられるものではありません。「タオルは消耗品」だと考えてみましょう。

真ん中が黒ずんできた、ミシン目がほどけてボロになってきた、レースが丸まって硬くなってきた。そんなタオルは下に下ろしていきます。

「一番茶」「一番だし」などの考え方を取り入れてもいいでしょう。たとえば「一番タオル」は洗面所、古くなったら「二番タオル」にして台所かトイレ、さらに汚れてきた「三番タオル」はレジャー用、「出し殻」になった「四番タオル」は雑巾にして最後は捨てます。

第48週

「雑誌」

半年取っておいた雑誌は捨てる

紙　情報は「役に立ちそう」「また読むかもしれない」とつい取っておきがちです。でも、取っておいても読み返すことは、ほとんどないのも事実です。

ぼんやりと「たしかなにかの雑誌に書いてあったはず」と思っても、雑誌や新聞の山から探すのは無理でしょう。

1か月たっても読み返さない雑誌は、もう読みません。半年くらいたつなら、捨てても問題なし。これからは1冊丸ごと、1紙丸ごと取っておくのはやめましょう。ほんとうに必要な情報は、読んだその場で切り取って、専用の保管場所へ。

第49週

「家電」

買い替えたのに、なぜ残す

電化製品は、新しい機能やデザインのものが出るとほしくなります。自分なりの必要があって買い替えるのは、悪いことではありません。ほしくて買い替えたのに、なぜ古いほうをきちんと捨てて始末できないのでしょうか。いままでの炊飯器を取っておいても、新しい炊飯器を買った申し訳になるわけではありません。

買い替えたときに捨てなければ、押入れの肥やしになるだけです。家電リサイクル法によって費用はかかるけれども、古いほうは家電ショップに引き取ってもらいましょう。燃えないごみに出せる物は、新しい物を据えつけたときに玄関に置いて、出すのを忘れないように。

第50週

「納戸・物置」

「いつか使う」健康器具は、諦める

ときには諦めが肝心です。いつか使って痩《や》せるつもりの健康器具、しょせんは気休めだったと諦めて処分したほうがいいのではないですか。

使わなくなったチャイルドシートやベビーカー、仕事や育児が忙しくなっていつのまにか行かなくなったスキー用品やダイビング用品。もらってくれる人を探しているうちに、タイプが古くなってあげられない品物になっているかもしれません。

「高かったのに」という目で見ればまだ使える物でも、「ほしがる人はいるのかな」という目で見れば、使えないごみだとわかることもあります。

第51週

「家のまわり（死角）」

見えないところに溜まっているごみを処分

家のなかから「いらない物」を追い出して、かなり居心地のよい家になってきたでしょうか。仕上げには、家のまわりを点検しましょう。

ふだんの生活では見えないところに、とりあえず押し込んだ物が隠れているはずです。ベランダの隅につくねたプラスチックの植木鉢、天井裏に押し込んだ古い照明器具、玄関脇の死角に置いてある汚れたスリッパ、下駄箱の下に押し込んだほこりまみれの汚れた靴、縁側の下にころがっている壊れた子どものおもちゃ……。

この機会に、さっぱり捨ててしまいましょう。「見えないところも清潔だ」と思いながら暮らしていると、気持ちがスッキリすること請け合いです。

第52週

「総点検」

家中まわって
リバウンド
チェック

「捨てる」生活も、総仕上げです。この本を最初から開き直して、成果を確認しましょう。逆戻りしていることはありませんか。1回捨てたら安心して、「また捨てればいい」と溜め込んでいる物はありませんか。

乾物入れにまた古い缶詰が溜まっていませんか。ストックスペースはまた以前のごちゃごちゃ状態に戻っていませんか。洋服だんすの引き出しが、えいっと押さえつけないとしまらなくなっていませんか。下駄箱にははけない靴やシーズンオフの靴が溢れて、2段重ねになっていませんか。

気を抜くとリバウンドするのはダイエットと同じです。理想体重になれたのなら、維持する努力を。そのうちに、「じょうずに捨てる」生活が身についてくるでしょう。

第53週

「締めくくり」

これであなたも
暮らし
じょうず

私たちの暮らしは、物とのおつきあいで成り立っています。物はただそこにあるだけでなく、あなたの暮らしに対する考え方、そしてじっさいの暮らし方そのものを体現しているのです。

つまり、いらない物・捨てる物を選び取る過程で、「私はこう暮らしたい」という「自分」を確認しつづけていたことになります。だから、じょうずに捨てられるようになると暮らしじょうずになれるし、暮らしじょうずな人は捨てじょうずでもあるわけです。

なによりも、いらない物のない、いる物だけがある暮らしは、暮らしやすい。家のなかで動きやすく、物が取り出しやすく戻しやすく、行き場のない物にいらいらすることもない。いる物はいる物だからこそ、きちんと使い切っていける。

1年間、ごくろうさまでした。溜まった物を「まとめて捨てる」のは荒療治。来年は、今年の成果が実って、日々じょうずに捨てながら、もっと暮らしじょうずになれることでしょう。

辰巳　渚（たつみ　なぎさ）

1965年生まれ。消費行動研究家。
2000年に刊行した『「捨てる！」技術』で物余りの時代の新しい生活哲学を提唱。以後、楽しく豊かに暮らす方法について、提言をつづけている。『日本人の新作法』（小社刊）などの著作あり。
オフィシャルサイト：http://www009.upp.so-net.ne.jp/tatsumi/
辰巳渚とみんなで作る「新しい作法」サイト：http://www.sahou.com

装幀　こやま たかこ
イラスト　タオカミカ
デザイン　株式会社渋沢企画
編集協力・DTP　柳元順子、井手晃子（株式会社トプコ）
編集　福島広司　鈴木恵美（幻冬舎）

捨てる！スッキリ生活

2005年11月25日　第1刷発行
2005年12月10日　第2刷発行

著　者　辰巳　渚
発行者　見城　徹

発行所　株式会社 幻冬舎
〒151-0051　東京都渋谷区千駄ヶ谷4-9-7
電話　03-5411-6211（編集）　03-5411-6222（営業）
振替　00120-8-767643
印刷・製本所　図書印刷株式会社

検印廃止

ISBN4-344-90078-2 C2077
Printed in Japan
幻冬舎ホームページアドレス　http://www.gentosha.co.jp/
この本に関するご意見・ご感想をメールでお寄せいただく場合は、comment@gentosha.co.jpまで。